BEI GRIN MACHT SICH IHR WISSEN BEZAHLT

Bibliografische Information der Deutschen Nationalbibliothek:

Die Deutsche Bibliothek verzeichnet diese Publikation in der Deutschen National-
bibliografie; detaillierte bibliografische Daten sind im Internet über http://dnb.d-
nb.de/ abrufbar.

Impressum:

Copyright © 2008 GRIN Verlag, Open Publishing GmbH
Druck und Bindung: Books on Demand GmbH, Norderstedt Germany
ISBN: 978-3-668-16389-8

Dieses Buch bei GRIN:

http://www.grin.com/de/e-book/317361/das-umweltschadengesetz-neuerungen-
haftung-und-versicherungstechnische

Sophia Rönsch

Das Umweltschadengesetz. Neuerungen, Haftung und versicherungstechnische Absicherung im USchadG

GRIN Verlag

GRIN - Your knowledge has value

Der GRIN Verlag publiziert seit 1998 wissenschaftliche Arbeiten von Studenten, Hochschullehrern und anderen Akademikern als eBook und gedrucktes Buch. Die Verlagswebsite www.grin.com ist die ideale Plattform zur Veröffentlichung von Hausarbeiten, Abschlussarbeiten, wissenschaftlichen Aufsätzen, Dissertationen und Fachbüchern.

Besuchen Sie uns im Internet:

http://www.grin.com/

http://www.facebook.com/grincom

http://www.twitter.com/grin_com

Das neue
Umweltschadengesetz

(USchadG)

Stand: 02/2008

Worum geht es im Umweltschadengesetz?

Das neue Gesetz gilt primär zur:

- **Vermeidung von Schäden** an der Umwelt selbst
- **Sanierung von Schäden** an der Umwelt selbst

BHV/ UHV/ USV
Betriebshaftpflicht/ Umwelthaftpflicht/ Umweltschadenversicherung

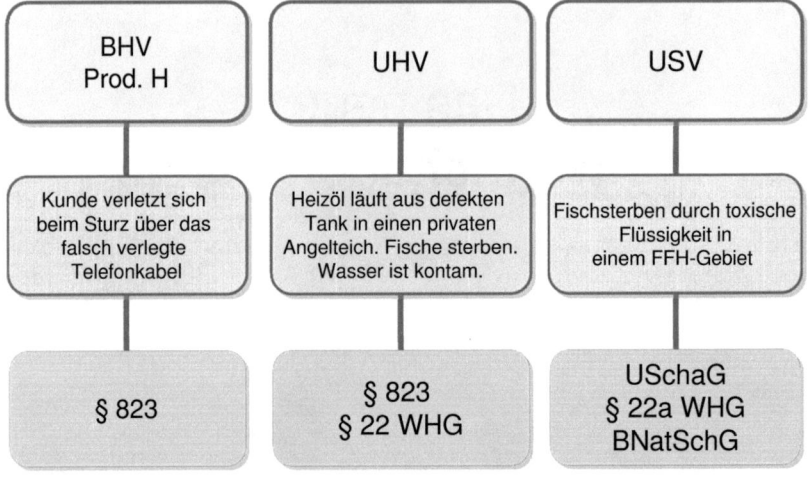

BHV Prod. H	UHV	USV
Kunde verletzt sich beim Sturz über das falsch verlegte Telefonkabel	Heizöl läuft aus defekten Tank in einen privaten Angelteich. Fische sterben. Wasser ist kontam.	Fischsterben durch toxische Flüssigkeit in einem FFH-Gebiet
§ 823	§ 823 § 22 WHG	USchaG § 22a WHG BNatSchG

Wird die bisherige UHV den Anforderungen gerecht?

<u>Vergleich:</u>

UHV
- Schaden durch Umwelteinwirkung
- Drittschadendeckung
- Privatrecht
- Unterschiedliche Haftungsnormen je Risiko
- Versicherungsfall

USV
- Schaden an der Umwelt selbst
- kein Drittschaden
- Öffentliches Recht
- keine unterschiedlichen Haftungsnormen
- Störfalldeckung

Vergleich:

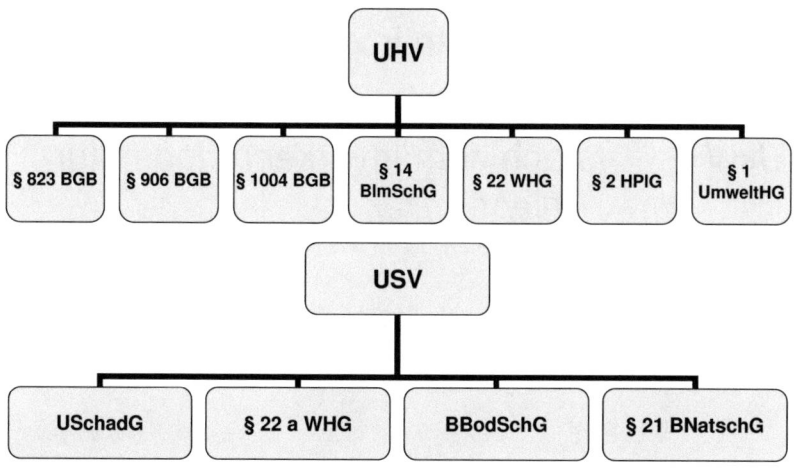

Unterschiede zwischen § 22 WHG und § 22 a WHG

Keine Gemeinsamkeiten bis auf § 22 WHG

- § 22 WHG (UHV) zielt auf den Drittschaden ab
- § 22 a WHG (USV) zielt auf den Schaden an der Umwelt selbst ab

Weitere Unterschiede?
- Ja!

BHV   - nach dem Inverkehrbringen

UHV   - nach dem Inverkehrbringen für Anlagen

USV   - komplett über die Bausteine 2.6 und 2.7 geregelt

Wer braucht eine Umweltschadenversicherung?

Jede beruflich tätige Person, Firma oder Organisation, die eine berufliche Tätigkeit ausübt und dadurch dem Risiko ausgesetzt ist, möglicherweise einen Umweltschaden oder die unmittelbare Gefahr eines solchen Schadens zu verursachen.

Wie sieht die Haftung aus?

- Haftung für Schäden an der Biodiversität
  - Verschuldensunabhängige Haftung bei „gefährlichen"
    Tätigkeiten
  - Verschuldenshaftung bei sonstigen Tätigkeiten

- Haftung für Schäden an Gewässern
- Haftung für Schäden am Boden bei Gefahr für
  die menschliche Gesundheit
  - Verschuldensunabhängige Haftung bei „gefährlichen"
    Tätigkeiten

Welche Sanierungsarten gibt es?

Sanierungsmaßnahmen für Schäden an der Biodiversität

Primärsanierung:
- Kosten für die Wiederherstellung des Zustandes vor dem
  Schadenfall

Ergänzende Sanierung:
- Kosten für Ausgleichsmaßnahmen, sofern die primäre
  Sanierung nicht vollständig umgesetzt werden konnte

Ausgleichssanierung:
- Ersatz für den zwischenzeitlichen Verlust an Umwelt

Aktueller Schadenfall

Desinfektionsmittel gelangt versehentlich in ein Gewässer innerhalb eines FFH-Gebietes. Es kommt zu massiven Fischsterben. Sachverständige ermitteln, ob und welche Sanierungsmaßnahmen erfolgen. Welcher Zeitraum/ Sanierungskosten hierfür in Frage kommen ist noch völlig unklar. Unklar ist auch ob das Gebiet – durch Sanierungsmaßnahmen – überhaupt in den ursprünglichen Zustand zurückgebracht werden kann.

Die Lösung

**Chancen für die Umwelt –
Risiken für Unternehmen.**

So schützen Sie sich gegen Forderungen im Rahmen des Umweltschadengesetzes

Verschärfte Haftung

- Inkrafttreten neues Umweltschadengesetz (USchadG) 14.11.2007
- Haftung rückwirkend zum 30.04.2007

Betroffen sind <u>sämtliche</u> Schäden, die an geschützten Tieren, Pflanzen und Lebensräumen (Biodiversität) verursacht werden

<u>Unwissenheit schützt vor Ahndung nicht</u>

Fallbeispiel:

Ein Bauunternehmer baut ein Flussbett aus.

Der Schlamm aus dem Flussbett wird über Rohre in Container geleitet.

Die Rohrleitung platzt und der Schlamm läuft aus.

Im Schlamm befindet sich die geschützte Art der Flussmuscheln.

Die Muscheln trocken aus und sterben

➡ nach dem Umweltschadengesetz kann eine Neuansiedlung der Muscheln **Kosten im 6-stelligen Bereich** verursachen.

Übersicht zur neuen Haftungssituation

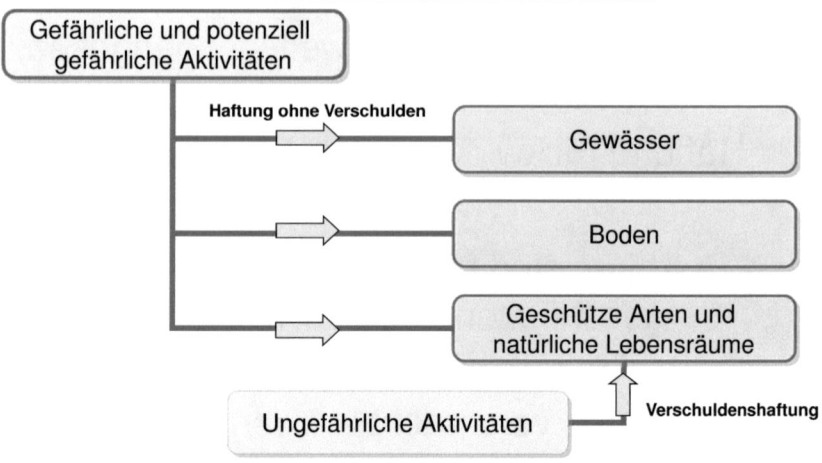

Ungefährliche Aktivitäten

Aber:

Auch Unternehmen, die keine gefährlichen oder potenziell gefährlichen Aktivitäten ausüben können unter Umständen der verschärften Haftung unterliegen.

➤ Zum Beispiel bei einmaliger Verwendung von Chemikalien

Keine Deckung durch Haftpflicht

- Berufs- und Haftpflichtversicherungen bieten nur Schutz bei **privat-rechtlichen Ansprüchen**
- Bei Umweltschäden werden aber **öffentlich-rechtliche Ansprüche** geltend gemacht

➡ sind durch bestehende Haftpflicht <u>nicht</u> gedeckt

Die Lösung

➡ Umweltschadenhaftpflicht

- bietet effektiven und umfassenden Schutz gegen öffentlich-rechtliche Ansprüche im Rahmen des neuen Umweltschutzgesetzes
- Individuell auf Ihre Firma abstimmbar

Individuelle Bausteine

Baustein 1

Versichert sind Schäden an:

- der Biodiversität auf fremden Grundstücken,
- fremden Böden (bei Gefahr für Menschen),
- fremden Gewässern (ohne Grundwasser)

Individuelle Bausteine

Baustein 2

Versichert sind Schäden an:

- der Biodiversität auf eigenen Grundstücken,
- am eigenen Boden (bei erheblicher Gefahr für Menschen),
- eigenen Gewässern und am Grundwasser

Individuelle Bausteine

Baustein 3

Versichert sind Schäden am:

- eigenen Boden (auch wenn noch keine Gefahr für Menschen besteht, aber öffentlich-rechtliche Ansprüche geltend gemacht werden können)

Beispiel

Ein Dachdecker erneuert ein Dach. Bei Demontage wird der Nistplatz und somit auch die Brut einer seltenen, vom Aussterben bedrohten Fledermausart zerstört.

Folge: öffentlich-rechtliche Ansprüche werden gestellt – der Dachdecker muss für Wiederansiedlung der Fledermäuse aufkommen.

Ausmaße der Gefährdung

- Derzeit sind in Deutschland über 130 Tiere und Pflanzen <u>gesetzlich</u> geschützt (gemäß § 10 Abs. 2 Nr. 5 und Nr. 11 BNatSchG)
  - ➡ Tendenz steigend
- Mehr als 5.711 Tier- und 3.990 Pflanzenarten gelten als gefährdet und stehen auf der Roten Liste der bedrohten Arten

Umweltschaden – Was nun?

- Bei eingetretenem Umweltschaden hat der Verursacher die Pflicht den Schaden bei den Behörden zu melden
- Zudem wird dem Verursacher die Gefahrenabwehr- und Schadenbegrenzungspflicht auferlegt

 **Der Verursacher hat die Kosten für <u>alle</u> Maßnahmen selbst zu tragen**

Leistungen der Versicherer

a) Prüfung der gesetzlichen Verpflichtung
b) Abwehr der unberechtigten Inanspruchnahme
c) Freistellung des Versicherungsnehmers von berechtigten Sanierungs- und Kostentragungspflichten

Statistische Umfrage zum Umweltschutzgesetz vor Beratung

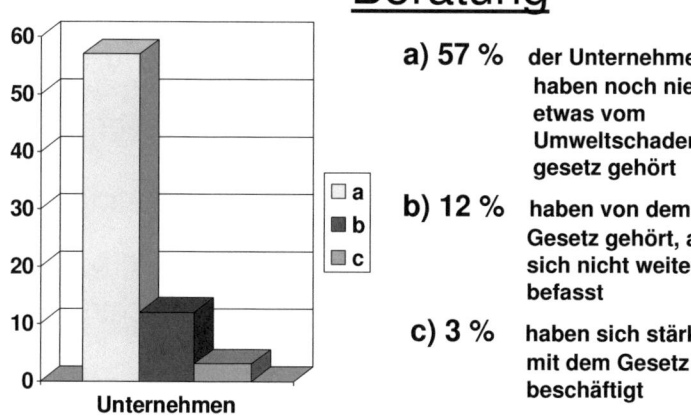

a) 57 % der Unternehmen haben noch nie etwas vom Umweltschaden-gesetz gehört

b) 12 % haben von dem Gesetz gehört, aber sich nicht weiter damit befasst

c) 3 % haben sich stärker mit dem Gesetz beschäftigt

Statistische Umfrage zum Umweltschutzgesetz nach Beratung

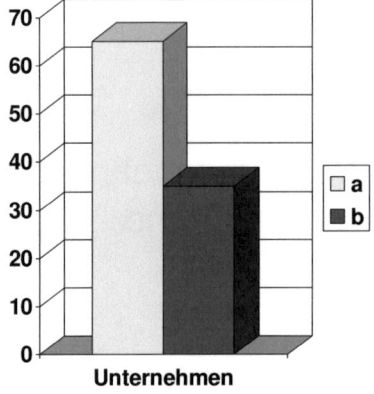

a) 65 % der Unternehmen glauben nach einer Beratung an die Wichtigkeit einer Umwelthaftpflicht-versicherung

b) 35 % glauben danach noch immer, dass eine Umwelthaftpflicht nicht nötig sei, solange bis die ersten Ansprüche gestellt werden.

Erhöhtes Risiko und Prophylaxe

- Umweltschadengesetz erhöht das Risiko für Umweltschäden zur Verantwortung gezogen zu werden
- Ausmaße des tatsächlichen Risikos lassen sich derzeit noch nicht abschätzen
- Hürde für den Anspruch ist auch die Feststellung des Schadens, da Kenntnisse über den vorhergehenden Zustand erforderlich wären
- derzeit ist noch keine Versicherungspflicht vorgeschrieben, empfehlenswert ist der vorsorgliche Abschluss trotz allem